UNE VISITE

A

M. RENÉ MARAL

Par M. X.....

GRENOBLE

IMPRIMERIE ET LITHOGRAPHIE VEUVE RIGAUDIN

8, rue Servan, 8

1876

UNE VISITE

A

M. RENÉ MARAL

Par M. X.....

GRENOBLE

IMPRIMERIE ET LITHOGRAPHIE VEUVE RIGAUDIN

8, rue Servan, 8

1876

UNE VISITE

A M. RENÉ MARAL

J'ai très-peu connu M. l'abbé Maral durant les années de son ministère. J'entendais souvent discuter son caractère et son talent sans songer à me faire son champion. Toutefois, sa parole m'attirait et produisait sur moi un effet étrange. Elle avait je ne sais quoi d'imprévu, de heurté, d'osé, d'enflammé, de débordant, qui m'allait aux nerfs autant qu'au cerveau.

L'homme était pour moi un problème.

Que croyait-il? que deviendrait-il? Je me le demandais, et il est rare déjà au sein du sacerdoce auquel il appartenait que ces questions s'imposent invinciblement à la curiosité.

Il pouvait être contesté, mais indubitablement, il était original.

— Il partit.

A quelle inspiration subite me rendis-je? Je l'ignore.

Mais j'écrivis au transfuge. Et, ma foi, dans les termes les plus bienveillants.

Sa réponse fut charmante.

Il remerciait « l'héroïque amitié de lui avoir été fidèle et l'inconnu de lui tendre la main. C'était quelque chose dans son exil qu'une voix généreuse qui l'approuvait en le plaignant ; qu'une intelligence désintéressée qui le comprenait et se promettait de le suivre, etc. etc. »

Pendant le séjour de M. Maral à Paris, je voulus savoir où il en était de ses travaux, de ses publications, de ses projets.

Je hasardai une seconde lettre, qui fut accueillie comme la première. Il se hâta de me mettre au courant de sa vie nouvelle avec une simplicité et une franchise parfaites.

Il m'expliquait les difficultés de ses luttes, les causes multiples des obstacles qu'il aurait à vaincre, la situation anormale et fausse qu'il devait à sa courageuse détermination. Rien d'ailleurs ne le rebuterait, rien ne le découragerait ; il saurait travailler, combattre, frapper aux portes ; il saurait même attendre ; mais il nourrissait l'invincible espoir d'arriver, et d'arriver à temps.

Sa lettre était à la fois modeste et assurée, joviale et digne, calme et vibrante.

Je restai ravi.

« Hum ! me dis-je, il leur réserve plus d'un coup de Jarnac. »

Ces jours derniers j'étais de loisir. L'idée me vint de faire une visite à M. Maral.

Je le savais à Genève, où il devait passer la saison
d'été et où son premier volume venait d'être imprimé.
Presque à l'heure même de mon départ, j'appris que
l'on publiait une brochure qui s'intitulait : *Lettre
d'un gentilhomme*, et qui affichait la prétention
d'être une réponse au *Prêtre?...* de René Maral.

Je lus cette plaquette en chemin de fer, sans dégoût,
sans colère, sans indignation : je connais le parti dont
M. Maral s'est fait un irréconciliable ennemi.

L'auteur de *Prêtre?...* ne me reconnut que lorsque
je me nommai. Il me fit avec abandon des démonstra-
trations de joie et de bienvenue.

Il eut le bon goût de ne pas s'étonner de ma con-
duite vis-à-vis de lui et de comprendre mon attitude.
A peine, en passant, une fine allusion à ce qu'il faut
de cœur pour se rapprocher de ceux que tous aban-
donnent.

— Etes-vous heureux? lui demandai-je après les
premières effusions.

— Heureux! cher Monsieur, le bonheur est un
billet à la La Châtre : l'illusion l'escompte, la réalité
le proteste. Je suis mieux que cela, je suis équilibré.
Le bonheur est une fièvre, l'équilibre est un tempéra-
ment. Je puis dire que j'ai trouvé mon assiette. Je
n'échangerais pas les heures les plus traversées, les
plus pénibles de ma situation actuelle contre les
moments les plus fortunés de mon ancienne carrière.
Il me semble qu'en quittant le clergé, il m'est entré de
l'air dans la poitrine et qu'il m'est fleuri une seconde
jeunesse.

— Diable, vous êtes lyrique !

— Moi ? à peine exact et complètement sincère.

— Et cependant, vous avez vos angoisses : ressources peut-être limitées, premier ouvrage interdit, mémoire conspuée, avenir à créer, etc., etc.

— Oui, mais je suis libre ; ce que je fais, ce que j'écris, ce que je rêve, ne blesse pas, comme jadis, quelque conviction imposée à laquelle je dois de manger, quelque âme souffreteuse dont j'ai la charge et qui ne comprend pas.

Je suis en pleine révolte, en pleine vérité ; je nage dans l'éther. Je suis libre !

— Et les injures ne vous émeuvent donc pas ?

— Eh ! cher Monsieur, qui donc se les permet vis-à-vis de moi, sinon des fanatiques, des impuissants ou des cuistres ? Croyez-vous que le nombre des honnêtes gens qui ont, comme vous, compris ma démarche, soit si restreint ?...

J'ai plus que vous ne pensez de sympathies avouées ; quant aux sympaties secrètes, je les sens, je leur tâte le pouls : elles sont innombrables. D'anciens confrères qui me connaissaient à peine m'encouragent, et tel me maudit en public qui dans l'intimité m'exalte et m'excite.

— Et votre pauvre livre ?

N'en parlez pas ; ils ont eu peur. Mais j'ai le mot de ce noble esprit, du vieillard qui a continué l'*Histoire de Jean de Muller* : « Monsieur, m'a-t-il dit en me serrant la main, laissez-les faire. Votre livre fera sa trouée. Il vivra, parce qu'il est vrai. »

Et M. Maral me donna à lire confidentiellement des lettres si élogieuses, si encourageantes, que son énergie et sa tranquille assurance ne m'étonnèrent plus.

J'avais hâte de savoir l'impression produite sur lui, le plastron, par la *Lettre d'un gentilhomme*.

La brochure était sur sa table.

— Mon beau-frère me l'a envoyée, me dit-il.

— Eh bien?

— Eh bien! j'en suis navré.

— Vous êtes *touché?* lui dis-je en souriant.

— Hélas! reprit-il, je n'ai pas tant de chance. J'aurais consenti à des bassesses pour qu'une plume compétente et capable de se respecter écrivît une réfutation de ma pauvre petite œuvre. Mais point. De sottes injures, plus exagérées, plus invraisemblables encore que niaises, et c'est tout!

— Vous ne songez donc pas à répondre?

— Moi? vous vous moquez! l'auteur de cette polémique si... ultramontaine, ne peut qu'être un pauvre diable ou infirme d'esprit ou aveuglé par la passion; en tous cas, absolument ridicule. Avez-vous lu cette petite infamie?

— Mais oui, en venant vous voir.

— Comment! les pages si élevées, si émues, si terrifiantes, si foudroyantes de ce fils des croisés ne vous ont pas fait rebrousser chemin?

Nous nous mîmes à rire.

— Non! vraiment, je suis vexé ajouta M. Maral. Que voulez-vous répondre à un homme qui, au lieu de disputer, insulte toujours, et encore sans dignité, sans vergogne? D'après lui, je suis au physique voûté, bossu, cagneux, hagard, sauvage, bourgeonné; au moral, un esprit médiocre, un mauvais cœur, un lâche; comme écrivain, je n'ai ni pensée ni style, je suis paradoxal et cynique; comme prêtre, je répandais une atmosphère empestée, je laissais corrompre les saintes espèces, je souillais le tribunal de la pénitence. Que sais-je? J'en suis à me demander comment ces gens-là ne m'ont pas mis à la porte et ne me l'ont pas vu prendre sans quelque inquiétude. Mais convenez, cher Monsieur, que le spectacle est réjouissant : la veille de ma scission, j'étais apte à tous les postes, et l'on regardait en haut pour deviner où j'aboutirais; le lendemain, je suis ce que raconte cet imbécile!

Comment en un plomb vil, etc.?

Et remarquez : les honnêtes gens lèveront les épaules et feront un geste de dégoût devant les turpitudes de ce Monsieur; mais la tourbe, dans son parti, rira avec une rage satisfaite, et criera plutôt : Encore!

— Et n'avez-vous aucun projet de vengeance? de protestation au moins?

— Peuh! le meilleur système serait un soufflet en pleine rue. Mais ces saintes gens ne se battent pas. J'aurais bien volontiers cependant effectué le voyage pour accomplir cet acte d'équité.

Cela m'aurait sacré laïque.

Et puis, vous voyez que ce gentilhomme m'attaque par derrière, puisqu'il imprime en France, où l'œuvre qu'il malmène est interdite, et à visière baissée, puisqu'il cache son nom. Ce doit être un preux!

— Diable! mais en méprisant les insultes, vous les encouragez.

— Halte-là! Dès que je verrai quelque assertion nette et saisissable venant d'un homme sur qui il y ait prise, je vous garantis que je recourrai à la justice des tribunaux. Je montrerai à ces honorables croyants qu'il faut, quelles que soient les nobles inspirations de leur foi, respecter la morale du Code. Je vous avouerai même que mon premier mouvement a été d'envoyer cette brochure à un avocat et de consulter. J'ai été arrêté par la conviction qu'un écrivain de cette force devait être un adversaire ridicule. Mais si l'occasion s'en présente jamais, je serai ravi de prouver que je reste citoyen français, qu'une démission ne dénatura-lise pas, et que les lois sont édictées pour les énergu-mènes aussi bien que pour les gens de sens rassis. Et quelle jubilation pour moi que la publicité d'un petit procès, publicité que paieraient ces grossiers calom-niateurs! Je vous promets que je serai à l'affût.

— A votre place je démentirais au moins les ra-contars de l'auteur de la *Lettre*, etc.

— Y en a-t-il un de vraisemblable? Cette agitation et cette solitude au départ, la réception à Genève, mon étonnement à moi, vieux voyageur, de voir mon nom demandé à l'hôtel, ma réponse : Je m'appelle *Légion*, et à la fin ce benêt qui me fait inviter à dîner par sa femme au confessionnal, justifiant ainsi stupidement un de mes chapitres les plus vrais, et la perception surnaturelle de l'odorat de sa petite fille, et l'ogre du bébé, et mon départ sans saluer, et cette maison hos-

*

pitalière du gentilhomme qui *éclate* et se *tient les côtes* quand part l'invité, etc., etc.

N'est-ce pas purement idiot?

Comment relever tout cela?

On ne discute pas avec ces adversaires-là ; quand ils vous ont frôlé, on se secoue et on se brosse.

— Vous me faites plaisir de me parler ainsi ; c'est de la grandeur d'âme.

— Pas même ; c'est du dédain. Et si ce dédain ne me retenait pas, vous me verriez poursuivre l'affaire avec acharnement, par tous les moyens légaux et honorables. Que je rencontre un jour quelqu'un qui en vaille la peine, il aura de mes nouvelles. Je prouverai que ma vaillante désertion ne m'a retranché ni de ma patrie, ni de l'humanité, et que je conserve le droit de réclamer que l'on musèle ceux qui cherchent à me mordre.

— Permettez-moi de vous soumettre un plan que j'ai ruminé pendant le trajet. La parfaite ineptie de cette attaque me faisait pressentir votre refus d'y répondre. Alors j'ai pensé que je pouvais vous suppléer, moi qui suis désintéressé et simple lecteur de hasard de ces ignobles pages.

Je n'ai pas la prétention de vous rendre un service ; mais j'aurai le plaisir de décharger mon indignation, et d'exposer indirectement les motifs qui m'ont rapproché de vous et vous ont conquis ma modeste amitié.

Après ces mots, M. Maral qui m'avait regardé fixement pendant que je parlais, me tendit la main d'un geste spontané, et me dit :

— Vous êtes un noble cœur. Faites selon votre inspiration. Mais si vous plaidez après ce monsieur, je vous plains. Il n'y a pas un mot dans son inqualifiable agression qui ne demande à être relevé et réfuté. Tout est faux et méchant, et sous la niaiserie de la forme on sent grouiller des intentions perfides. Ainsi, pourquoi m'appeler : réfugié à Genève ? Je ne suis réfugié nulle part. J'habite Paris, et Dieu sait qu'il n'eût tenu qu'à moi d'occuper une grande position dans l'église catholique nationale.

L'amour ombrageux de ma liberté de penser m'a fait refuser.

Et cette idée de m'écraser sous la honte d'être arrivé trop tard à l'apostasie, et d'y avoir été devancé? Et le reproche d'une solitude que je veux pour mon travail, et dont cet individu fait le châtiment de ma chute ? Et les insinuations à propos de ma paroisse, que j'ai tant aimée, où j'ai fait du bien, je crois, et que l'on me nargue de n'avoir pu pervertir ? Il faudrait tout indiquer. Passons.

Aussi bien, le parti clérical n'a jamais eu d'autres moyens de défense que de déshonorer l'adversaire. Sur le terrain des idées et de la discussion, il ne s'avance guère qu'avec ce qui n'a pu être éteint des torches de l'Inquisition. Qu'est-ce pour ces messieurs qu'un Luther, un Calvin, un Voltaire? Des misérables, des impudiques, des fripons. Aussi, après avoir lu leurs diatribes, on ne se rend pas compte de l'influence exercée sur leurs adversaires et des effroyables ravages causés dans leur Eglise par de si méprisables ennemis.

Dans un ordre de choses plus modeste, c'est ce qui m'arrive. Lisez le *Gentilhomme*, et expliquez ensuite l'écoulement si rapide de la première édition de *Prêtre?*...malgré la plus sévère interdiction en France.

C'est incompréhensible !

Pauvres gens, qui retrouvent sur leur nez les crachats qu'ils ont jetés à l'ennemi.

— Ce que vous dites là est d'une justesse frappante. Leurs procédés de polémique ne varient pas, et leurs chefs de file seront toujours les plus impudents insulteurs.

— C'est leur histoire, mon cher. Ils se promettent, comme Voltaire, qu'il en restera toujours quelque chose. Et ces gens-là osent adresser des appels à la conscience de ceux qui les quittent ? On dirait qu'ils jouissent de se rendre risibles.

Ignobles farceurs !

Car je vous l'avouerai, mon cher Monsieur, il me semble que je pardonnerais tout à mon adversaire : sa perfidie, ses insinuations, ses intentions même, tout enfin, n'était la répulsion que j'éprouve pour ses exhortations d'apôtre et ses patelinages de jésuite.

Qu'est-ce qu'il vient me parler : *de la compassion de mes confrères*, de leurs *prières stérilisées*, de son propre *désir de me voir rentrer au plus tôt dans le bon chemin?* C'est ma conscience qui fait mon chemin bon ou mauvais, et cela ne regarde personne. Sommes-nous donc au siècle de Jean Huss? Je ne suis plus un enfant : il y a beau temps que je sais dire papa, et si je me prends à espadonner de l'épée, je ne veux pas que sur le terrain on me seringue d'eau bénite.

Portez votre vie au tribunal de Dieu, comme j'y porterai la mienne, et ne préjugez pas la sentence. En attendant, si nous avons des idées, arborons-les et défendons-en noblement le drapeau.

— Vous vous échauffez, ce me semble.

— Mais ce n'est pas gai non plus, je suppose, de chercher des gens qui discutent, et de ne rencontrer que ceux qui exorcisent. Oh! mon cher Monsieur, le genre tartufe me met hors des gonds. Avez-vous remarqué la page où notre homme célébre l'état prospère des séminaires ? Dilate tes tabernacles, ô Jérusalem ! « *L'enceinte du séminaire suffit à peine, etc., etc.* » J'admets volontiers que cette pauvre jeunesse y étouffe.

Et ces dithyrambes sur les jeunes élèves :

« L'amour divin.... zèle.... martyre.... ni or, ni argent ... pain amer, trempé de larmes.... »

Voyons, gentilhomme, j'y ai passé, j'en sais quelque chose. Eh bien! leur pain n'est ni amer, ni sec ; il y a toujours « ....un peu de beurre avec. »

Et puis : *trempé de larmes !* Au collège nous le trempions dans l'*abondance*, au séminaire dans la piquette, plus tard dans le jus et les sauces. Je vous engage ma parole d'honneur que je n'ai pas vu un ecclésiastique tremper son croûton dans ses larmes. Et depuis moi le régime n'a pu être à ce point métamorphosé.

Et les délicatesses pudiques de cette phraséologie clérico-gentilhommesque ! Je cite :

« Dans ce sexe.... ils ont *cueilli une fleur vir-
ginale.* »

Hum ! ils vont bien. Nous n'étions pas si précoces
de mon temps.

— Dites donc, voilà une note un peu... osée.

— Parbleu ! il donne le ton :

Ah ! qu'en termes galants ces choses-là sont mises.

— Vous m'intéressez ; mais si vous faites la cri-
tique par le menu, vous courez le risque d'être long.
Car si l'on analyse minutieusement la diatribe de ce
malheureux, on n'y découvre que fiel, noirceur, et plate
grossièreté. Ainsi que dites-vous de l'air de triomphe
avec lequel il vous reproche vos *rares* lecteurs, lorsqu'il sait bien que ce sont les lignes de douane qui vous
gâtent votre légitime succès ?

— Ah ! oui ; c'est comme ce bon M. de Procuste
disant avec aménité à quelque victime qu'il a mutilée :
« Il me semble que vous ne marchez pas facilement. »

— Et encore ce besoin déshonnête de tout nier
dans votre talent, de tout vous refuser, de ne pas
même accorder qu'il y a de la vie dans une œuvre qui
vibre et palpite !

— Que voulez-vous ? Si ce parti comprenait que la
loyauté est la meilleure défense, ses actions attein-
draient un autre taux aux bourses de la civilisation.
Or, quels que soient les fanfares et les tams-tams dont
il abuse, vous ne placerez jamais grand' chose sur ses
chances d'avenir.

— Ni moi, ni personne. Les plus bruyants de ses

panégyristes sont édifiés là-dessus, vous ne l'ignorez pas.

Mais pour ne pas faire naufrage en un sujet plein d'écueils, revenons à la brochure, et dites-moi ce que vous pensez des deux ou trois pages qui y sont consacrées à une espèce de réfutation érudite de vos allégations les plus graves.

— Erudites ! oui : cette érudition est toute dans Martigny ou Antonin Rich. Et il est bien facile de la confondre. M. de Rossi, par exemple, n'a découvert dans les catacombes de prétendus confessionnaux que l'antique forme de *chaire*, sur laquelle il a dû disserter avec sa perspicacité habituelle, pour établir que ces encastrements devaient servir à entendre le pénitent.

Vous avez cru, d'après la *Lettre*, que les catacombes étaient meublées de tribunaux à grilles, comme dans nos églises. Je n'ose même vous servir la démonstration si facile du contraire. Qu'il vous suffise de savoir que les païens avaient conclu de la posture du pénitent à une espèce de culte de Priape.

— Bah !

— Vous voyez la bonne foi de notre gentilhomme avec ses confessionnaux *comme les nôtres !*

Et sa toge donc ! Il veut que la soutane nous vienne des Ioniens, quand il est avéré que ce n'est que vers le Ve siècle que l'habit ecclésiastique différa de l'habit de tout le monde. A cette époque, on conserva dans le clergé la toge, ou si l'on veut le *pallium ascetium,* qui peu à peu fut modifié par le voisinage

des barbares et donna la soutane comme expression
d'un compromis, d'une fusion. Quant à la tunique *ta-
laris*, les Romains ne la portèrent jamais ; ils la re-
gardaient comme déshonorante. D'ailleurs, je me dé-
sintéresse de la toge, et ne l'ai jamais préférée à la
soutane, ainsi qu'il le prétend.

Ce que je *préfère* à la soutane, c'est le vulgaire pa-
letot, que je porte enfin, et que je ne quitterai que
pour revêtir le linceul, pourvu toutefois qu'on m'ac-
corde une sépulture honnête en pays si clérical.

— L'érudition de ce monsieur est donc elle-même
de mauvaise foi ?

— Oui, mon cher. Il dénature ma pensée pour la
réfuter. Après quoi, au moyen de quelques perfidies
calculées, de quelques mots grecs ou hébreux en vé-
dette, de quelques affirmations sottes mais ronflantes,
il parvient à ne pas me réfuter.

— Il vous a, par exemple, joliment relevé sur la
question de la chasteté.

— Vous me permettez de sourire, n'est-ce pas ? J'ai
défendu, plus que cet individu ne l'a fait dans sa longue
tartine, l'austère et noble vertu de la chasteté. J'ai
plaidé cette cause avec tant de conviction et de cha-
leur, que j'ai demandé au monde civilisé de consentir
en faveur de la chasteté, au sacrifice définitif de l'abo-
minable coutume du célibat ecclésiastique. Pouvais-je
faire mieux ?.... Mais je crois, cher, que ce pauvre
diable qui m'accuse de ne pas connaître les valeurs des
mots, ne sait pas bien de quoi il parle. Dans le
Prêtre ?... ai-je dit quoi que ce soit contre les ordres

religieux et les sœurs de charité ? Je traiterai tout cela plus tard, quand il s'agira de déterminer l'action sociale du catholicisme, qui a restauré la famille, mais l'a épuisée.... J'écrirai encore.

— Ce n'est pas une menace ?

— Pour vous et pour la vérité, c'est une promesse. Pour le gentilhomme et les hommes liges, c'est.... ce qu'ils voudront. Je ne m'adresse pas à eux. Admettriez-vous que je fisse des frais de polémique pour éclairer des gens qui prétendent que le Christ a révélé au monde la chasteté afin d'élaguer la population et d'obtenir des générations moins « touffues » ?

Voyez-vous le Créateur se disant tout à coup : « Je leur ai, en effet, recommandé de se multiplier ; mais comme ils y vont ! Si je ne fais pas des prêtres et des moines, je ne pourrai bientôt plus loger mon monde. » Eh bien ! c'est cette ineptie que soutient le philosophe de la brochure. Et il ne l'a pas inventée ! Il n'invente pas même ses calomnies contre moi ; il a un souffleur. Cherchez dans les œuvres des apologistes modernes, dans les plus célèbres, dans de Maistre, Balmez, le pauvre Lacordaire lui-même. Vous serez étonné du nombre d'idées de cette force que vous y rencontrerez. Mais, chers déclamateurs, si le Christ était Dieu, il n'avait qu'à prévenir Christophe Colomb et à pousser le trop plein prétendu vers l'Amérique, au lieu de le pousser vers le célibat.

L'Univers peut facilement nourrir dix fois sa population actuelle. Le Christ a été bien bon de recourir au moyen scabreux et inefficace de la continence. Il

pouvait trouver mieux, et à moi surtout il aurait
épargné bien des ennuis.

Et, ajouterai-je, si le célibat fut inventé à une
époque où la population était trop dense, le moment
est opportun pour le supprimer, puisque la vie est tarie
parmi les nations catholiques, qu'à l'inverse des
nations protestantes, elles ne réparent pas leurs pertes
et qu'elles n'équilibrent pas les morts par les nais-
sances.

Comme je suis venu à point !

Mais cela ne vaut pas même que l'on hausse les
épaules.

C'est comme l'inintelligence avec laquelle l'adversaire me convainc de maudire la vérité. Je ne lui dé-
cocherai pas de longues périodes pour le confondre.
J'adore la vérité, j'en suis altéré, je crie vers elle.
Qu'il m'en fournisse seulement une qui ait cours des
deux côtés des Pyrénées. Ce sont les vérités qui ra-
massent pour se défendre des chevaliers tels que lui,
qui me font aimer le doute. Celles-là, je les renie, et
vis-à-vis d'elles la protestation est un rafraîchis-
sement, un refuge et un viril honneur.

— Ne vous emportez pas !

— Vous venez me provoquer dans mon antre, je
montre les dents.

— Il y a eu au commencement de notre conversation une parole de vous que j'ai retenue. Vous regret-
tiez, disiez-vous, de n'avoir pas eu affaire à un écrivain sérieux et digne qui aurait traité votre œuvre
avec sévérité, mais avec intelligence.

— Si je le regrette ! Il y avait tant à attaquer. Sans les entraves qu'on m'a mises, je l'eusse trouvée cette discussion sérieuse. Pensez-vous que je ne me rende pas compte des défauts de mon livre ? C'est un cri de liberté et de révolte, ardent mais écourté, où l'angoisse du cœur gémit plus que la vision de l'esprit n'éclaire. On m'aurait reproché ma solennelle préface qui annonce un traité et sert de frontispice à de brèves affirmations, heurtées et essoufflées ; et puis l'insuffisance des chapitres où je discute ; l'envahissement de la note personnelle dans le ton général ; l'exubérance de telle thèse au détriment de telle autre ; la vivacité passionnée de l'accent sensuel, et surtout la date de cette œuvre écrite au milieu de ma vie et pensée depuis le déclin de ma jeunesse.

Et je me serais défendu.

Quelle ivresse, mon cher Monsieur, de m'expliquer, de me mettre à nu, de faire pressentir la cause que je soutiendrai désormais, après avoir, dans un premier élan, honni celle que je déserte !

On m'aurait compris, j'en suis sûr, on m'aurait pardonné d'être en retard et on aurait compté sur moi.

Les plus exigeants auraient admis cette manière de secouer la poussière de ses pieds en entrant dans le temple de la liberté.

C'eût été trop beau et trop doux. Ils m'ont consigné. J'attendrai. Ils sont plus décrépits que le cardinal-ministre, et ma cause est plus jeune que de Bernis.

A cet endroit de la causerie, M. Maral se prit à rire d'un rire franc et éclatant.

— Qu'est-ce qui vous passe par la tête, lui dis-je?

— Je songe à cette fillette de huit ans qui s'aperçut que je sentais le bouc, et je me disais que ma polémique... future ne sera pas toujours d'agréable odeur pour le parti clérical.

En attendant, je bénis Dieu qu'il soit besoin de secours surnaturels pour saisir mes parfums douteux. Il y a peut-être des gentilshommes moins heureux que moi !

Mais un conseil à donner à mon insulteur. Puisqu'il se livre à des attaques malhonnêtes et honteuses, c'est peut-être qu'il a besoin d'argent.

Comment ne songe-t-il pas à exploiter le don surnaturel de sa fille? Les enfants ont à notre époque le monopole des miracles. Voyez Lourdes, Pontmain, la Salette, Saint-Palais, etc., etc.

Le *chiffon* de ce Monsieur est un *sujet*. Il aurait tort de négliger cette source de fortune.

Par le temps de pélerinages qui court, on aurait bien vite établi un courant vers le château privilégié. Et quand les naïfs auraient déposé leur offrande, la maison du gentilhomme pourrait à bon droit *se tenir les côtes* dès que le tour serait joué et les gogos engagés dans l'avenue.

Insinuez lui cela, quand vous le verrez, et sur ce, allons dîner.

— Ah ! mais, lui répondis-je, vous accepterez un modeste Baltazard; je m'étais promis de vous l'offrir.

— Du tout, vous êtes chez moi, vous respecterez les droits de l'hospitalité.

— Vous êtes excellent. Mais, repris-je avec quelque embarras, vos... finances?...

— Je comprends!... Ils espèrent que je mourrai de faim. Regardez, me dit M. Maral...

Il me montra cinq ou si manuscrits échelonnés sur son bureau. Et en riant :

— Vous le voyez, j'ai du pain sur la planche.

— Oui, mais il n'est pas cuit.

Il lève.

Et il ajouta :

— Seulement, je serai prudent. Ils m'ont éventé pour mon premier livre. Désormais, ils n'apprendront que j'ai tiré qu'en entendant siffler la balle.

Nous sortîmes.

Pendant le trajet, M. Maral me dit :

— Il faut être juste ; c'est un vilain qui m'a attaqué. J'ai gardé dans la noblesse du Dauphiné de graves et solides amitiés , je la connais; elle n'a pu fournir ce lâche. Je crains qu'il n'appartienne à un corps qui se recrute peu dans l'aristocratie et n'en obtient que les cadets.

Notre drôle se fait un visage ; il a femme et enfants, château et avenue, etc. Mais en flairant son œuvre, à je ne sais quelle haine venimeuse et chronique, à la vulgarité du son, à l'étroitesse des idées, au fumet de la patte, à l'odieux des sous-entendus, on peut facilement reconnaître... la justesse du proverbe :

La caque sent toujours le hareng.

Nous échangeâmes un regard, nous étions du même avis.

La soirée fut charmante.

Le lendemain, je voulus prendre congé de mon nouvel ami.

— Je reçois une curieuse brochure, s'écria-t-il aussitôt qu'il me vit. On a répondu au *Gentilhomme*. Vous lirez ces courtes pages. C'est bienveillant et sage, c'est contenu et cependant ferme, c'est *bonne dame*, si j'ose dire.

Je remercie la personne inconnue qui prend ma défense avec calme et justice, sachant faire la part du feu. Je voudrais la connaître pour la remercier.

— Etes-vous pleinement satisfait ?

— C'est trop dire. On me traite d'expatrié, et je ne suis qu'en vacances ; on affirme que j'étais ambitieux et que mon départ est dû à des sollicitations mal accueillies. Moi, solliciter ! Ils me dénaturent. Qu'ils interrogent les murs des antichambres : s'il en est un qui m'ait vu attendre et palpiter, préparant mes phrases, je veux que le diable m'emporte !

Quand donc leur ferai-je comprendre que je suis parti parce que j'avais une *conviction ?* Ce n'est rien cela ?... Je ne voulais plus d'eux, et j'ai dit : Bonsoir ! Ce n'est pas plus malin.

Du reste, je loue les intentions de mon défenseur (il est fâcheux que ce mot n'ait pas de féminin). Je lui garderai une reconnaissance sincère.

M. Maral m'accompagna à la gare.

En nous séparant, chacun de nous avait un ami de plus.

Rentré chez moi, je songeais à la défense que

j'avais demandé à M. Maral l'autorisation d'essayer, une simple protestation d'homme loyal sans préjugés et assez hardi pour être de son siècle.

J'avais pris quelques notes après la conversation que M. Maral avait acceptée avec moi et vivement soutenue. Je coordonnai ces fragments. Je les liai et les amplifiai, ne me servant que de mes souvenirs de fraîche date, et ce travail achevé, je m'aperçus que ma *Défense* était écrite.

Je la donne au public pour une réfutation de la *Lettre d'un gentilhomme*. C'est un peu bref et à vol d'oiseau; mais c'est plus qu'il ne mérite, puisqu'elle répond aux coups d'un tel adversaire; plus qu'il n'était besoin, puisqu'elle le dément, lorsqu'elle eût peut-être dû se borner, pour en faire justice, à le signaler aux honnêtes gens.

X***

Grenoble. — Imprimerie Vᵉ RIGAUDIN, 8, rue Servan.

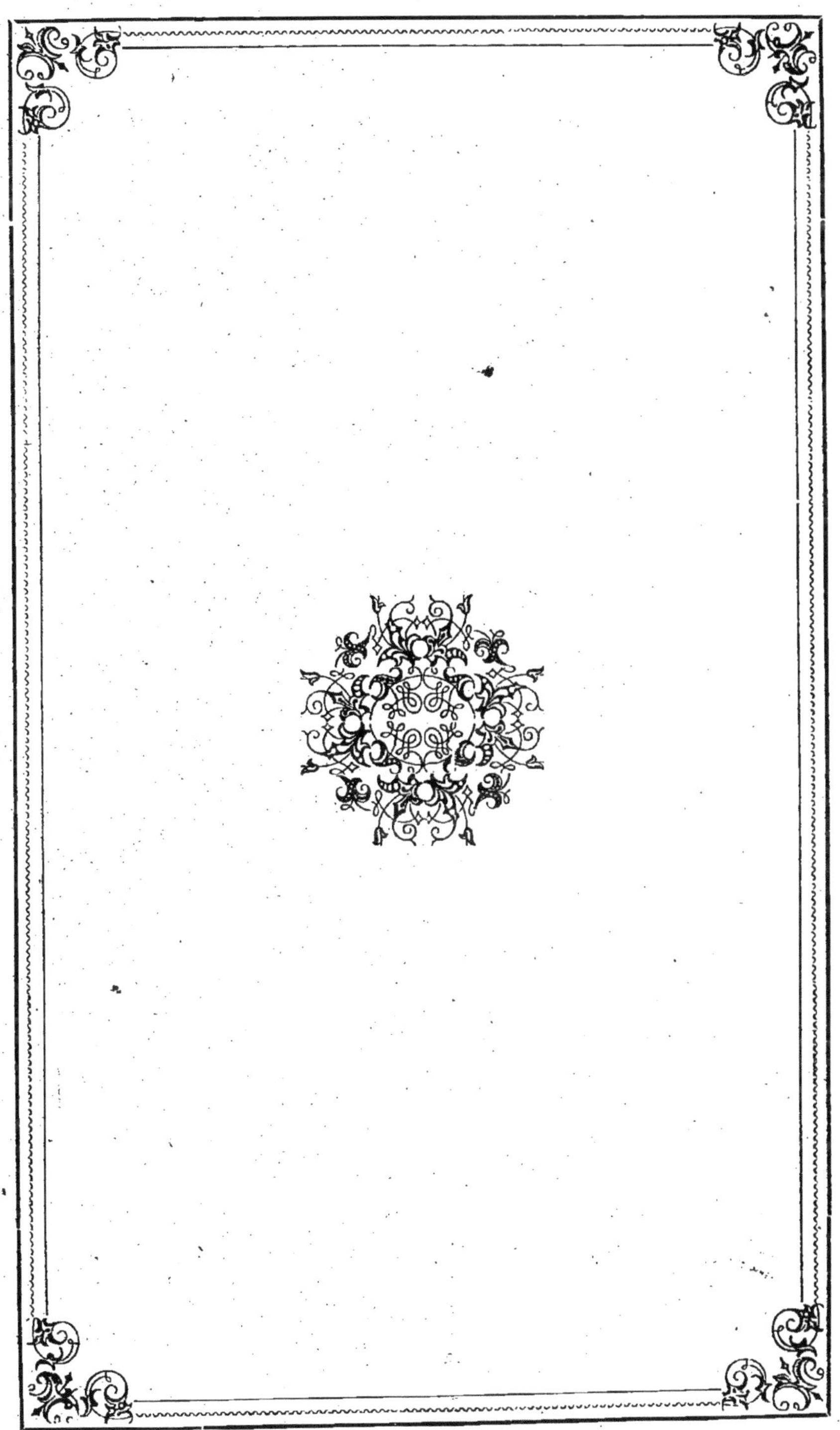